LE

SOMNAMBULISME

DE

M. DE CHATEAUBRIAND.

LE
SOMNAMBULISME

DE

M. DE CHATEAUBRIAND,

OU RÉFLEXIONS

SUR SA DERNIÈRE BROCHURE,

PAR LE SOLITAIRE DES VOSGES.

La peau de l'agneau est trop courte
on voit passer les oreilles du loup.

PREMIER NUMÉRO.

Paris,

CHEZ GARNIER, LIBRAIRE, PALAIS-ROYAL,

RUE DE VALOIS, N° I.

ET CHEZ TOUS LES MARCHANDS DE NOUVEAUTÉS.

1831.

LE
SOMNAMBULISME
DE
M. DE CHATEAUBRIAND.

Les partis veulent s'emparer de la dernière brochure
du noble vicomte, pour en faire, au gré de leurs ca-
prices, de leurs ambitions, de leurs espérances, un
épouvantail contre le seul parti raisonnable qui soit
présentement en France: ce parti c'est celui de la majorité des Français, mûri par l'expérience des longs
malheurs qui l'ont accablé sous la république, qui
l'ont enchaîné et décimé sous le régime impérial; ruiné
et avili sous la restauration; il veut garder ce qu'il a
conquis au son du canon d'un despotisme en délire et
au prix de son sang le plus pur. Ses conquêtes lui ap-
partiennent; il en a scellé les acquis par sa volonté
franche, spontanée; il a repoussé la république et son
effrayant cortége; il s'est choisi un roi de son sang,
né au milieu de lui, épuré au creuset de l'adversité,

bon père, bon époux, incomparable citoyen, entouré d'une brillante et jeune famille pleine d'avenir, offrant les plus belles espérances à nous et à nos derniers neveux ; enfin, il s'est choisi un roi honnête homme qui ne trahira point ses sermens, parce qu'il les a faits sans restriction mentale ; il ne cherchera point des conquêtes inutiles et ruineuses qu'il faut rendre après les avoir achetées aux dépens de tous les pères de famille, auxquels le régime impérial fit perdre l'espoir et le soutien de leurs vieux jours ; il ne sacrifiera point la jeunesse française, pour remettre sur un trône usurpé sur son père un fils ingrat, rebelle d'abord aux lois de la nature, et plus tard l'esclave du système monacal (1) ; il ne ruinera point la France par un luxe insolent, ni pour engraisser les jésuites de robe courte ou longue, leurs maîtresses ou leurs complaisans ; il fera respecter sa patrie, en tenant toujours l'armée sur un bon pied, et en entretenant avec les puissances des relations d'amitié et de bon voisinage. Que veulent donc les partis, lorsque la majorité des Français s'est montrée si conséquente dans un suffrage qui est devenu universel ; je dis universel, parce que les rois ne se préparaient à la guerre que dans le cas où la France

(1) Voir la guerre d'Espagne.

aussi imprudente qu'elle est sage, se serait républicanisée ? Rassurés par la loyauté de Louis-Philippe, par la sagesse de son gouvernement, par la prudence de la majorité des Français, ils ne tireront point l'épée pour une dynastie à jamais déchue, poursuivie par les ombres encore sanglantes des victimes de juillet, et par les malédictions des veuves, des orphelins, des pères et des mères privés par le plus sanguinaire despotisme des objets chers et sacrés de leurs tendres affections.

Est-ce lorsque les cendres des martyrs de la liberté sont encore fumantes, lorsque les larmes coulent encore sur des visages pâles et amaigris par la douleur, lorsque la veuve, couverte des crêpes funéraires, baigne de ses pleurs sa couche froide et solitaire, qu'il faut venir au milieu de tant de cœurs déchirés jeter un nouveau brandon de discorde ? Est-ce bien l'auteur du *Génie du Christianisme*, qui, après avoir long-temps défendu les libertés publiques par ses discours et ses écrits, s'est fait tout d'un coup l'apologiste d'une légitimité douteuse, et qui, revenant de la patrie de Guillaume Tell, du sol classique de la liberté, se déclare le défenseur d'une dynastie qui ne doit plus avoir d'autre ambition que celle de se faire oublier ?

N'y aurait-il pas plutôt au fond du cœur du noble vicomte quelques anciennes réminiscences pour ce régime impérial dont il chanta les merveilles, lorsqu'une main de fer pesait sur sa tête, et qu'un génie destructeur planait sur l'Europe entière? c'est alors qu'il y aurait eu un vrai courage à montrer à l'homme des tempêtes que pour vieillir sa dynastie de dix siècles, il imitait Saturne dévorant ses enfans; mais les fossés de Vincennes n'étaient pas comblés par le cadavre d'un Bourbon, la fatale lanterne aurait pu se rallumer sur la poitrine du vicomte! il se tut et il fit bien; mais il n'eut pas raison lorsque, s'associant aux destinées du grand homme, il chanta les merveilles de son règne, en oubliant et le meurtre de ce dernier Bourbon et les chaînes qui enlaçaient les peuples sous le despotisme militaire. Quelle adresse dans les louanges qu'il prodigua au despote; l'armée entière est oubliée, les plus grands généraux sont mis de côté dans la crainte de réveiller la susceptibilité jalouse de son héros; et cependant quel eût été l'éclat de ce météore dévorant, quelle eût été sa durée sans les immortelles phalanges qu'il menait au combat et qu'il abandonna trop souvent à leurs propres destinées et aux chances aventureuses dans lesquelles il les avaient lancées? Bonaparte fut un vaste génie, sans doute, et je ne le conteste point, mais il eut de grandes faiblesses et des torts plus grands encore. Au milieu de ce conflit de bien et de mal, j'avouerai aussi qu'il eut une vertu rare, ce fut de savoir choisir et distinguer les hommes qui pouvaient illustrer son règne par leur savoir, leur talent ou leur bravoure.

Mais son héros disparu, le noble vicomte accepta la restauration, puis il la tourmenta lorsqu'il voulut acquérir de la popularité. En 1817, il trouve mauvais qu'on ne livre point les places à l'incapacité des royalistes qui, ayant vécu et vieilli loin de leur patrie dans une émigration pénible, n'avaient plus besoin que d'argent et de repos pour achever paisiblement une carrière usée par l'adversité; il s'aperçut bientôt qu'en voulant plaire à la France, il n'avait plû qu'à un parti. Un autre vent fait tourner la flexible girouette de l'immortel écrivain, et le voici qui frappe d'estoc et de taille les apologistes de la censure; il féraille en vrai paladin contre un ministère dont il avait cessé de faire partie. Une ambassade à Rome vint tempérer la mauvaise humeur du noble vicomte, et nous devons à cet instant de calme et de repos sous le beau ciel de l'Italie, l'immense compilation des *Recherches historiques*, auxquelles le savant commentateur a mis fin à la grande satisfaction des érudits paresseux.

Mais que veut aujourd'hui ce vaste et puissant génie, ce savant approbateur ou désapprobateur de toutes les époques, selon que l'on a stimulé ses frayeurs, caressé son amour propre, flatté ou humilié son ambition? Hélas! il ne veut plus rien. Comment il ne veut plus rien, s'écrieront de toutes parts les jeunes et les vieux, les lettrés et les illetrés, avec un savoir si étendu, une érudition aussi profonde; lorsqu'on possède infuse la science gouvernementale, on doit vouloir constamment quelque chose; d'ailleurs ne vient-il pas de nous régaler d'une nouvelle brochure? Justement nous y voilà, et je ne vous demande que de lire cette brochure, pour vous convaincre que l'esprit du brillant écrivain est endormi, et que, depuis juillet 1830, il est resté dans le somnambulisme le plus complet: plaignons-le donc et ne le blâmons point.

Étourdi par les fatales ordonnances, et à cette époque il était bien éveillé, il s'écria, par un pressentiment funeste : Nous voilà arrivés à toutes les conséquences que j'avais prédites; le canon gronde, il vomit la destruction; les barricades s'élèvent, le peuple est vainqueur! J'avais prédit toutes ces conséquences, s'écrie de nouveau le savant commentateur; nous allons avoir pour un grand peuple le pire de tous les gouvernemens, une république sanguinaire et destructive comme en quatre-vingt-treize ; j'ai un beau nom, j'ai chanté le despotisme, j'ai salué la restauration, je l'ai tourmentée quand elle m'a repoussé; mais j'étais revenu à elle. Je suis pair de France, j'ai fait le *Génie du Christianisme*, j'ai été ambassadeur à Rome, j'ai baisé la mule de Sa Sainteté. Que de titres pour être pendu par ces farouches républicains! Toutes ces conséquences tirées par l'esprit du noble vicomte, la fièvre cérébrale s'empara de lui, une abondante saignée calma l'agitation de son cerveau; mais, ô douleur! l'étincelle divine a quitté depuis ce moment cet incomparable génie. Il marche sans voir, il répond sans entendre, il écrit sans savoir ce qu'il écrit; en un mot, c'est bien le corps de Chateaubriand, mais privé momentanément par un sommeil léthargique des facultés morales qui ont échauffé si long-temps son admirable faconde.

Si sa brochure ne suffisait pas au lecteur pour le persuader, j'ajouterais qu'on n'a qu'à le suivre dans la marche de toutes ses actions depuis les fatales ordonnances, et l'on connaîtra les symptômes de la maladie qui l'a saisi pendant la catastrophe; la torpeur le rendit muet et le bruit du canon lui fit perdre l'ouïe, puisqu'il n'entendit pas les soupirs de la république éphémère et expirante au 7 août, les bravos universels qui accueillirent le Roi des Français, et la marche funéraire qui accompagna jusqu'à Cherbourg l'ancienne dynastie. Tout d'un coup croyant, dans son sommeil, que la république existe, et qu'elle n'a que faire de pairs de France, il refuse de prêter serment et abandonne sa chaise curule.

Il s'achemine vers la Suisse sans savoir où il va. Là, il rencontre tous les évêques, jésuites et abbés émigrans; ils embrassent son corps, ils l'entourent de leurs bras évangéliques, ils l'étouffent presque dans leurs saintes joies. Des malins (mais sans doute ce sont des menteurs) assurent qu'il s'achemina vers Holyrood pourvu de bonnes instructions de la *camarilla* jésuitique, qu'il offrit aux exilés de l'accepter pour gouverneur du nouveau Joas, qu'on s'aperçut, quoiqu'on fut toujours aveugle dans ce pays, qu'on parlait à un somnambule, qu'on lui conseilla de revenir en France pour y gagner ses étriers; ce qu'il fit très-sagement en repassant par la Suisse, puis, dormant toujours, il nous lança son inconcevable brochure. Plaignons, oui, plaignons la perte du plus beau génie qui ait honoré notre siècle. Que notre sagesse attende son réveil, il ne peut manquer d'arriver bientôt, et avec lui le patriotisme du noble vicomte dont nous pourrions à la rigueur nous passer, car à défaut de son expérience émigrée avec son esprit, nous avons la nôtre qui ne dort pas, qui se tient bien éveillée contre les anarchistes, les fau-

teurs de troubles et de discordes; nous l'avons ache-
tée cher cette précieuse expérience, elle nous dit :
n'écoutez point ces frêlons politiques qui voudraient
régenter la France pour l'exploiter à leur profit. Avec
ces hommes rien n'est bien, parce qu'ils ne dirigent
point le conseil du souverain, dont ils voudraient
amener les pas sur les bords de l'abîme qui a englouti
la branche aînée.

Lorsque le noble vicomte sortira de ce fatal somnambulisme, qui lui fait battre la campagne avec des
aîles dorées et une tête de feu, il se débarrassera de
cette brillante métaphysique d'expressions ampoulées,
avec lesquelles il croit éblouïr les lecteurs; il revien-
dra à un patriotisme pur et sincère dont il a paru
user quelquefois, et surtout, arrêtant les ressorts de son
incomparable girouette, il ne dira plus le pour et le
contre, et ne se montrera pas, comme dans cette dernière production , blanc, gris, jaune et noir.

Vous demandez, Monsieur le vicomte, comment il
se fait que la Vendée et le Midi soient insurgés contre
le nouvel ordre de choses et qu'il faille une armée
pour contenir ces départemens? voilà une bien grave
injure que votre état mental fait à une partie de la
France, car ce n'est plus cette ancienne et héroïque
Vendée se soulevant tout entière contre la républi-

que de 93 ; c'est une poigné d'assassins pillant, volant, brûlant, assassinant quelques paisibles amis de l'ordre et de la paix ; ce n'est pas, non ce n'est pas, je le répète, les citoyens propriétaires, châtelains, fermiers, cultivateurs, qui déchirent impitoyablement le sein de la patrie en martyrisant ses enfans ; ce sont quelques hommes égarés par des prêtres étrangers et fanatiques, des Trestaillons d'un côté, et de farouches républicains de l'autre. Ces prétendus apôtres de la légitimité douteuse que vous préconisez ne sont que des hordes d'assassins pris dans toutes les catégories, poussées, cathéchisées, par cette secte impie, intolérante, corruptrice, envahissante, ennemie perfide des peuples et des rois qu'elle ne peut gouverner à son gré, cette secte sacrilége qui produisit les Ravaillac, les Châtel, les Damiens, les Jacques-Clément, le père Balard et ses complices ; cette secte exécrable qui ravit à là chrétienté l'immortel et vertueux Ganganelli, c'est la lèpre qui nous dévore insensiblement. Cause de la première révolution elle amena la seconde ; elle en voudrait une troisième pour ressaisir le pouvoir qui lui échappa en juillet 1830. Six mille victimes dans les trois grandes journées ne peuvent suffire à sa soif de sang et de carnage ; semblable au tigre qui lèche sa victime avec sa langue rude, et la dévore aussitôt que l'épiderme est entamé. Elle n'est point assouvie cette soif de sang, par la Saint-Barthélemy de juillet et les mitraillades de la rue Saint-Denis, il lui faut de nouvelles victimes, n'importe dans quel rang elle les prenne ; émanation de l'enfer, le règne de la mort lui appartient, elle voudrait la faire planer sur notre belle Patrie, car il n'y a que l'odeur des cadavres qui fait ses délices.

Homme de bien, secouez vos habits de voyage et réveillez-vous, éloignez les miasmes putrides qui vous environnent, et les Muses consolées feront retentir jusqu'aux cieux leurs lyres harmonieuses ; rendez-nous Châteaubriand et son beau génie, et de bon cœur nous mêlerons nos voix aux sons des accords célestes pour lui dire *Salut*.

DE BARTHOLOT.

IMPRIMERIE DE CARPENTIER-MÉRICOURT, RUE TRAÎNÉE, Nº 15.